- **하품예품 개념화 공과**는 하나님께서 기뻐하시는 좋은 성품 중에 52개의 개념을 뽑아 다양한 방법으로 학습하게 하였고, 학생이 좋은 성품의 개념을 쉽게 이해할 수 있도록 비전〈우리말성경〉을 인용하였습니다. 교사는 먼저 그림을 통해 이야기를 들려줍니다. 학생의 수준과 특성에 따라 쉽고 단순하게 혹은 구체적으로 들려주도록 합니다. 그림으로 이야기가 제시되기 때문에 교사가 먼저 그림을 이해하고 묵상함이 필요하고, 도입부이기에 학생이 전체의 흐름을 알 수 있도록 도와줍니다.

- **성품심기**

학생이 좋은 성품에 대한 이야기를 듣고 관련된 활동을 통해 개념을 다시 반복함으로 성경본문의 내용을 인지 시키는 데 도움을 줍니다. 선긋기, 색칠하기, 퍼즐맞추기, 미로찾기 등 다양한 활동을 제시하여 학생들의 수준별 학습이 가능합니다.

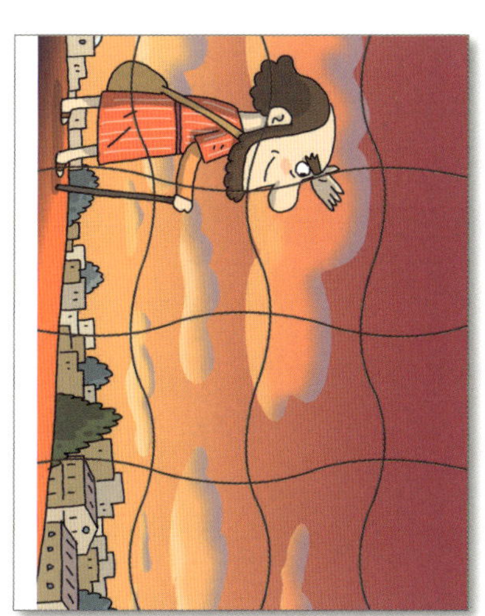

- **성품맺기**

이야기의 주제를 학생이 각자의 삶 속에 적용할 수 있도록 예시와 행동을 제시하였고, 단어 카드와 기도로 전체 개념을 이해시켜 하나님의 성품이 무엇인지를 알게 하며 그것을 닮아갈 수 있도록 길을 열어줍니다. 이번 하품예품 개념화 공과를 통해서 삶 가운데 역사하시는 하나님을 닮기를 소원합니다.

도서출판 한장연은 쉽고 재미있으며 오랫동안 기억에 남는 시청각교육자료를 통하여 생명의 복음을 전하고자 설립되었습니다. 그동안 하나님의 특별한 은혜로 한장연에서 출간된 책을 통하여 많은 학생이 복음을 받아들이고 예수님을 만났습니다. 이것은 도서출판 한장연이 더욱 사명감을 가지고 사역을 하는 계기가 되었습니다. 그렇습니다. 복음에는 능력이 있어서 그것을 듣는 사람에게는 구원의 은혜가 임합니다. 문제는 누구든지 복음을 쉽게 이해하고 받아들일 수 있어야 합니다. 이런 측면에서 볼 때 본 공과는 쉽고, 재미있으며 오랫동안 기억에 남는 유익한 시청각 교육자료라고 확신합니다.

"이로써 그 보배롭고 지극히 큰 약속을 우리에게 주사 이 약속으로 말미암아 너희가 정욕 때문에 세상에서 썩어질 것을 피하여 신성한 성품에 참여하는 자가 되게 하려 하셨느니라." (베드로후서 1장 4절) 이 말씀은 하나님을 닮는 것, 예수님을 닮아 간다는 것은 구원받은 성도의 삶을 통해서 나타나는 자연스러운 모습입니다. 성경은 하나님의 말씀을 통해 우리가 세상에서 어떤 모습으로 살아야 하는지를 교훈하고 있습니다. 성품공과의 목적은 도덕적으로 바람직한 인성을 교육하는 것이 아니라 말씀과 성령을 통해서 하나님의 신성한 성품에 참여하는 사람이 되게 하는 것입니다. 하나님의 성품을 닮아간다는 것은 결코 쉽지 않습니다. 하지만 이번 하품예품 공과시리즈를 통해서 우리의 삶 가운데 역사하시는 하나님을 닮아가는 기회가 되기를 소원합니다.

본 공과는 한 영혼을 구원하기 위하여 헌신적인 기도와 노력을 아끼지 않았던 아름다운 동역자들과 함께 집필하였습니다. 바라기는 이 공과를 통하여 많은 학생들이 생명 구원과 신앙 성숙의 변화를 체험할 수 있기를 바라고 이 교재가 정말 축복의 통로가 되었다고 많은 학생들의 입을 통해 고백되었으면 좋겠습니다.

도서출판 한장연 대표 김 해 용 목사

제2권
14~26주

14	게으름을 경계하시는 하나님	4
15	미워하는 것을 아파하시는 하나님	8
16	절제하기를 원하시는 하나님	12
17	불평을 기뻐하지 않으시는 하나님	16
18	다툼을 원치 않으시는 하나님	20
19	심령이 가난한 자를 찾으시는 하나님	24
20	애통하는 자에게 참 기쁨을 주시는 하나님	28
21	예수님처럼 온유하기 원하시는 하나님	32
22	의에 주리고 목마른 자를 만나시는 하나님	36
23	긍휼히 여기는 자를 사랑하시는 하나님	40
24	마음이 청결한 자를 사랑하시는 하나님	44
25	화평케 하는 자를 축복하시는 하나님	48
26	의로운 자를 지키시는 하나님	52

게으름을 경계하시는 하나님

마태복음 25장 26절
주인이 대답했습니다. "이 악하고 게으른 종아! 내가 심지 않은 데서 거두고 씨 뿌리지 않은 곳에서 곡식을 모은다는 것을 안단 말이냐?"

선을 따라 그리며 이야기를 읽어 보세요.

한 주인이 세 명의 종들에게 돈을 맡기고 떠났어요. "난 다섯 달란트 받았어!" "난 두 달란트 받았다!" "난 한 달란트 뿐이야! 흥!"

두 종은 열심히 일했지만 한 달란트 받은 종은 땅에 묻어두었어요. "호떡 사세요!" "양말 사세요!" "흥! 그냥 자고 노는게 낫지!"

집에 돌아온 주인은 두배의 달란트를 남긴 두 종을 칭찬했어요. "착한 종들아, 열 달란트와 네 달란트를 만들었구나."

게으른 종은 한 달란트마저 빼앗기고 쫓겨났어요. "전 잃어버릴까봐 그냥 땅 속에 묻어두었어요." "악하고 게으른 종아, 나가라!"

주인에게 받은 달란트를 땅에 묻고 있는 게으른 종을 색칠해 보세요.

그림에 알맞는 이야기를 찾아 선으로 이어보세요.

주인이 종들에게 돈을 맡기고 떠났어요.

두 종은 열심히 일했지만 한 종은 그냥 땅에 묻어두었어요.

게으름 피운 종은 주인에게 쫓겨났어요.

열심히 일을 한 종은 주인에게 칭찬받았어요.

게으르지 않기 위해서 무엇을 해야 할지 점선을 따라 써보세요.

부지런히

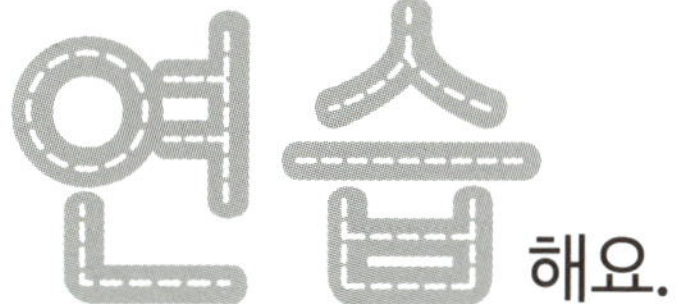

해요.

부지런히

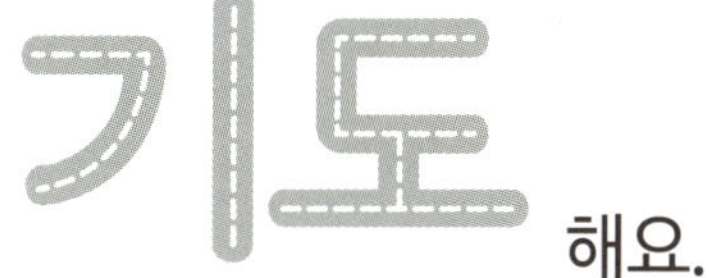

해요.

부지런히

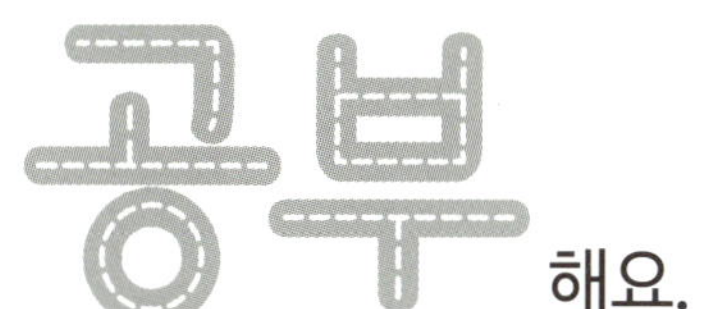

해요.

그림 카드를 보고 단어를 따라 써 보세요.

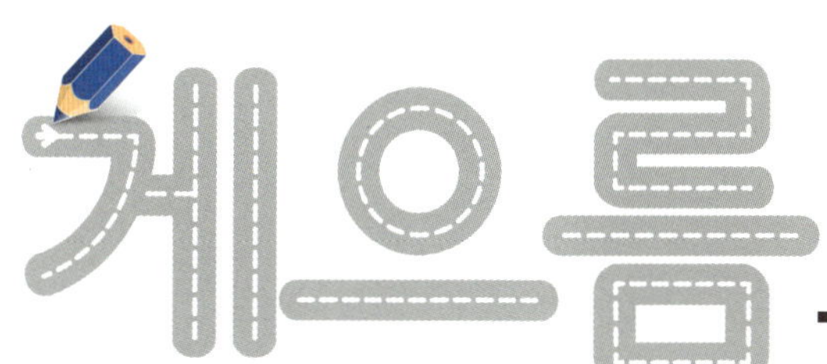

을 싫어하시는 하나님

함께 기도해요.

하나님, ◯◯이(도) 게으름을 버리고 부지런하게 해주세요.
예수님 이름으로 기도합니다. 아멘.

15 미워하는 것을 아파하시는 하나님

사무엘상 18장 8절
사울이 이 노랫소리를 듣고 몹시 불쾌해 화가 치밀었습니다. 속으로 "다윗에게는 수만 명이라더니 내게는 고작 수천 명 뿐이라는구나! 그가 더 가질 것은 이제 이 나라 밖에 더 있겠는가?" 하며

선을 따라 그리며 이야기를 읽어 보세요.

다윗이 힘있는 골리앗을 쓰러뜨리자 모든 백성들은 다윗을 칭찬했어요. "와~ 사울은 수천명을 이겼고, 다윗은 수만 명을 이겼다! 다윗 만세!"

다윗을 시기하여 미워한 사울왕은 다윗을 죽이려 했어요. "아니, 백성들이 나보다 다윗을 더 좋아하다니..."

다윗의 친구 요나단은 사울왕이 다윗을 죽이려 하자 너무나 마음이 아팠어요. "아버지! 나라를 구한 다윗을 왜 죽이려 하세요?" "닥쳐라!"

하나님께서 미움으로 가득한 사울왕을 버리시고 다윗을 이스라엘 왕으로 선택하셨어요. "다윗왕 만세!"

미운 마음이 가득한 사울은 어떤 모습인지 색칠해 보세요.

미움을 가진 사울왕을 피해 다윗을 찾아가세요.

나를 미워하는 친구에게 어떻게 해야 하는지 낱말을 따라 써보세요.

친구를 위해

해요.

싸운 친구와

해요.

사랑으로

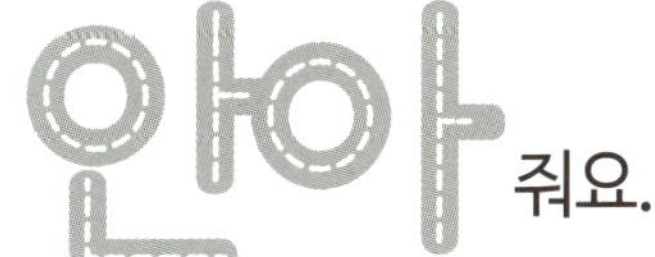

줘요.

그림 카드를 보고 단어를 따라 써 보세요.

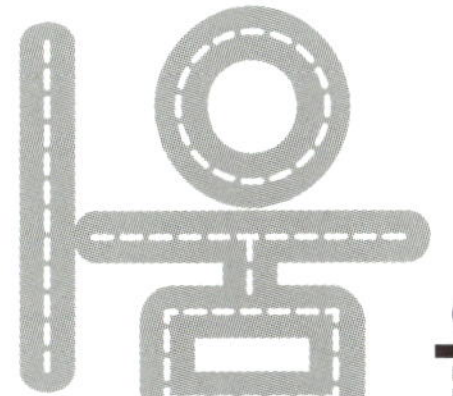

을 아파하시는 하나님

함께 기도해요.

하나님, ◯◯(이)가 미움을 버리고 사랑의 마음을 갖게 해주세요.
예수님 이름으로 기도합니다. 아멘.

절제하기 원하시는 하나님

사사기 16장 17절

그리하여 삼손은 들릴라에게 그의 마음을 다 털어놓았습니다. 그가 그녀에게 말했습니다. "내 머리엔 면도칼을 댄 적이 없소. 나는 어머니의 뱃속에서부터 하나님께 구별된 나실 사람이었기 때문이오. 만약 내 머리를 깎아 버리면 나는 힘이 빠져서 다른 사람처럼 약해진다오."

선을 따라 그리며 이야기를 읽어 보세요.

삼손이 태어날 때 천사가 나타났어요. "아들이 태어나면 술과 더러운 음식을 먹이지 마세요. 머리카락도 자르면 안돼요."

힘이 센 장사로 성장한 삼손을 이웃나라 블레셋은 두려워했어요. 삼손이 사자를 맨손으로 죽였대!" "삼손 때문에 우리는 망했다!"

그런데 참을성이 부족한 삼손은 들릴라의 꼬임에 넘어가 자기 힘의 비밀을 말해주었어요. "사랑하는 들릴라! 내 힘은 머리에서 나온다오."

삼손이 잠든 사이 들릴라에게 머리카락이 잘렸어요. "아니? 힘이 안 나오네!" 힘이 빠진 삼손은 블레셋 병사에게 잡히고 말았어요.

절제를 하지 못한 삼손과 그를 끌고 가는 병사들을 색칠해 보세요.

그림에 알맞는 이야기를 찾아 선으로 이어보세요.

머리카락이 잘려 힘을 잃은 삼손은 병사들에게 끌려갔어요.

천사는 삼손이 술과 더러운 음식을 먹으면 안되고 머리카락을 자르지 말라고 했어요.

이웃나라 블레셋은 힘이 센 삼손을 아주 두려워했어요.

삼손은 참지 못하고 들릴라에게 자기 힘의 비밀을 알려주었어요.

잘 참기 위해서는 어떻게 해야 하는지 점선을 따라 써보세요.

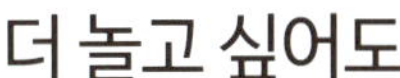

더 놀고 싶어도

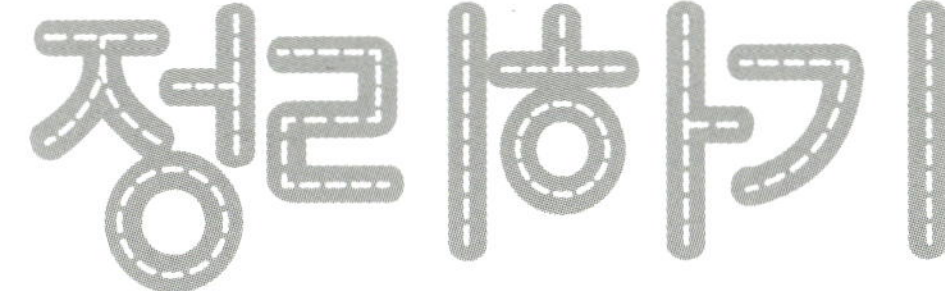

더 보고 싶어도

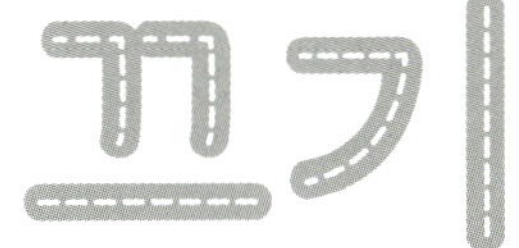

더 자고 싶어도

그림 카드를 보고 단어를 따라 써 보세요.

하기를 바라시는 하나님

함께 기도해요.

하나님, ◯◯(이)도 참을성을 길러서 하나님께 칭찬받게 해주세요.
예수님 이름으로 기도합니다. 아멘.

불평을 기뻐하지 않으시는 하나님

출애굽기 16장 2~3절
광야에서 온 회중이 모세와 아론에게 불평을 했습니다. 이스라엘 백성들은 모세와 아론에게 말했습니다. "차라리 우리가 이집트에서 고기 삶는 솥 주위에 둘러앉아 먹고 싶은 만큼 빵을 먹을 때 여호와의 손에 죽는 게 나았을 텐데 당신들이 우리를 이 광야로 끌고 나와 이 온 회중이 다 굶어 죽게 생겼지 않습니까?"

글을 읽고 차례대로 줄을 이어보세요.

낮에 갈 길 몰라 불평할 때 하나님은 구름기둥을 보내주셨어요. "어디로 가야 하지?" "구름기둥을 따라가시오!"

밤에 춥다고 불평하자 하나님은 불기둥을 보내 주셨어요. "이야~ 환한 불기둥이다!" "따뜻해서 좋다!"

먹을 것이 없어 불평하자 하나님은 만나와 메추라기를 내려주셨어요. "와~ 꿀맛 나는 과자다!" "고기도 맘껏 먹겠구나!"

이스라엘 백성들은 늘 불평했지만, 하나님께서는 항상 사랑으로 지키시고 돌봐주셨어요. "하나님 불평하지 않을게요." "도와주셔서 감사해요."

점선을 따라 살짝 접은후 잡아당겨 주세요.

퍼즐 사용방법

1. 퍼즐 하단의 점선을 따라 살짝 접은 후 잡아당겨 떼어냅니다.
2. 퍼즐을 가위로 잘라냅니다.
3. 16조각의 퍼즐을 재미있게 맞춰봅니다.

불평했던 때를 생각해보며 점선을 따라 써보세요.

때도
불평하지 않아요.

때도
불평하지 않아요.

때도
불평하지 않아요.

그림 카드를 보고 단어를 따라 써 보세요.

을 싫어하시는 하나님

함께 기도해요.

하나님, ◯◯(이)도 불평하지 않고 감사하게 해주세요.
예수님 이름으로 기도합니다. 아멘.

18 다툼을 원치 않으시는 하나님

창세기 26장 28 ~ 29절

그들이 대답했습니다. "우리는 여호와께서 그대와 함께 하시는 것을 보았습니다. 그래서 우리는 '우리들 사이, 곧 우리와 이삭 사이에 맹세가 있어야겠다'라고 생각했습니다. 우리는 그대와 언약을 맺었으면 합니다. 우리가 당신을 건드리지 않고 항상 잘 대해 주고 평화롭게 보내주었던 것처럼 당신이 우리를 해치지 않게 말입니다. 당신은 여호와께 복을 받은 사람입니다."

글을 읽고 차례대로 줄을 이어보세요.

부자가 된 이삭을 시기한 마을 사람들은 이삭의 우물을 흙으로 묻어버렸어요. "아니, 왜 이러시는 겁니까?" "부자 된 게 배아파서 그런다, 왜?"

이삭은 속상했지만 우물을 양보하고 다시 새로운 우물을 팠어요. "주인님! 물이 또 나옵니다!" "물맛도 아주 좋구나!"

마을 사람들이 또 싸움을 걸었어요. 하지만 이삭은 다툼을 피해 새 우물을 파서 물을 얻었어요. "얏호! 물이다." "양보하면 하나님이 좋은 걸 주신단다!"

이삭이 계속 우물 얻는 것을 보고 마을 사람들은 하나님이 살아계심을 알게 됐어요. "하나님은 정말 살아계시구나!" "나도 하나님 믿을래!"

마을 사람들에게 우물을 양보하여 복을 받은 이삭을 색칠해 보세요.

두 그림을 보며 서로 다른 다섯 가지를 찾아 ◯해 보세요.

다투지 않기 위해 실천할 수 있는 것을 점선을 따라 써보세요.

장난감을
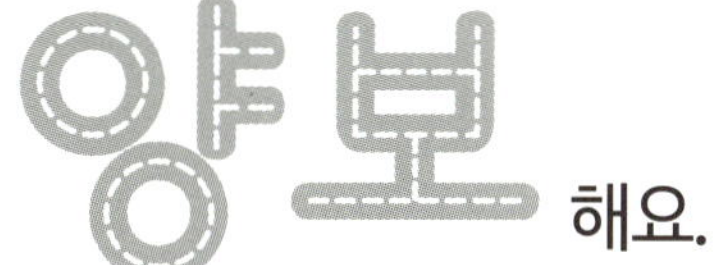

해요.

모래놀이를
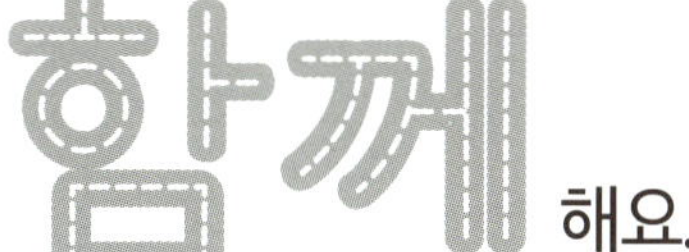

해요.

간식을
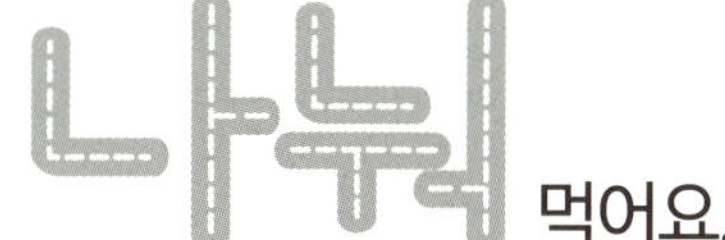

먹어요.

그림 카드를 보고 단어를 따라 써 보세요.

을피한이삭

함께 기도해요.

하나님, ◌◌(이)도 이삭처럼 다투지 않고 양보하며 살게 해주세요.
예수님 이름으로 기도합니다. 아멘.

심령이 가난한 자를 찾으시는 하나님

고린도후서 9장 7절
각자 마음에 정한 대로 하되 아까워하거나 억지로 하지 마십시오. 하나님께서는 기쁨으로 내는 사람을 사랑하십니다.

글을 읽고 차례대로 줄을 이어보세요.

한 부자가 많은 돈을 자랑하며 헌금함에 넣었어요. "에헴~ 백 만원입니다." "와~ 헌금 진짜 많이 낸다."

그 때 한 가난한 과부가 십 원짜리 동전 두 개를 헌금함에 넣었어요. "하나님, 작지만 제 마음 받아주세요." "어휴~ 저것도 헌금이라고!"

예수님은 과부가 가장 많은 헌금을 드렸다고 말씀하셨어요. "오늘 가장 많은 헌금을 드린 사람은 과부란다." "예? 겨우 십 원짜리 두 개인데요?"

예수님은 전 재산을 기쁨으로 드린 과부의 마음을 기뻐하셨어요. "많은 돈보다는 마음이 정말 중요하단다." "아~ 그렇구나!"

전 재산을 기쁨으로 드린 과부를 색칠해 보세요.

그림에 알맞는 이야기를 찾아 선으로 이어보세요.

한 부자가 헌금함에 많은 돈을 자랑하며 넣었어요.

예수님은 과부가 가장 많이 헌금했다고 말씀하셨어요.

한 가난한 과부가 헌금함에 동전 두 개를 넣었어요.

기쁨으로 전 재산을 드린 과부의 마음을 기뻐하셨어요.

어떤 마음으로 헌금을 드려야 할지 점선을 따라 써보세요.

사랑 하는 마음

기뻐 하는 마음

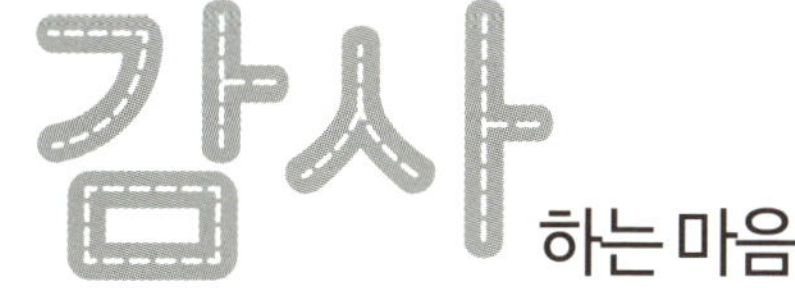

그림 카드를 보고 단어를 따라 써 보세요.

을 보시는 하나님

함께 기도해요.

하나님, ◯◯(이)도 기쁜 마음으로 나의 모든 것을 하나님께 드리게 해주세요. 예수님 이름으로 기도합니다. 아멘.

애통하는 자에게 참 기쁨을 주시는 하나님

마가복음 16장 6절
그러자 그가 말했습니다. "놀라지 말라. 십자가에 못 박히신 나사렛 예수를 찾으러 온 것이 아니냐? 예수께서는 살아나셨다. 이제 여기 계시지 않는다. 여기 예수를 눕혔던 자리를 보라."

선을 따라 그리며 이야기를 읽어 보세요.

예수님이 돌아가신지 사흘째 새벽에 세 여인은 예수님 무덤을 찾았어요. "예수님이 돌아가시다니!" "예수님 정말 보고 싶어! 흑흑흑..."

세 여인은 예수님 무덤이 비어 있는 것을 보고 깜짝 놀랐어요. "어머나! 무덤이 텅텅 비었어?" "아니, 누가 예수님 시신을 가져간거야?"

슬퍼하는 세 여인에게 천사들이 나타나 예수님 부활소식을 알려주었어요. "예수님은 다시 살아나셨어요."

슬픔이 기쁨으로 바뀐 세 여인은 온 동네를 뛰어다니며 예수님 부활 소식을 전했어요. "여러분~ 예수님이 다시 사셨어요. 예수님을 믿으세요!"

예수님의 죽음을 슬퍼하는 여인들을 색칠해 보세요.

천사를 따라가며 부활하신 예수님을 만나보세요.

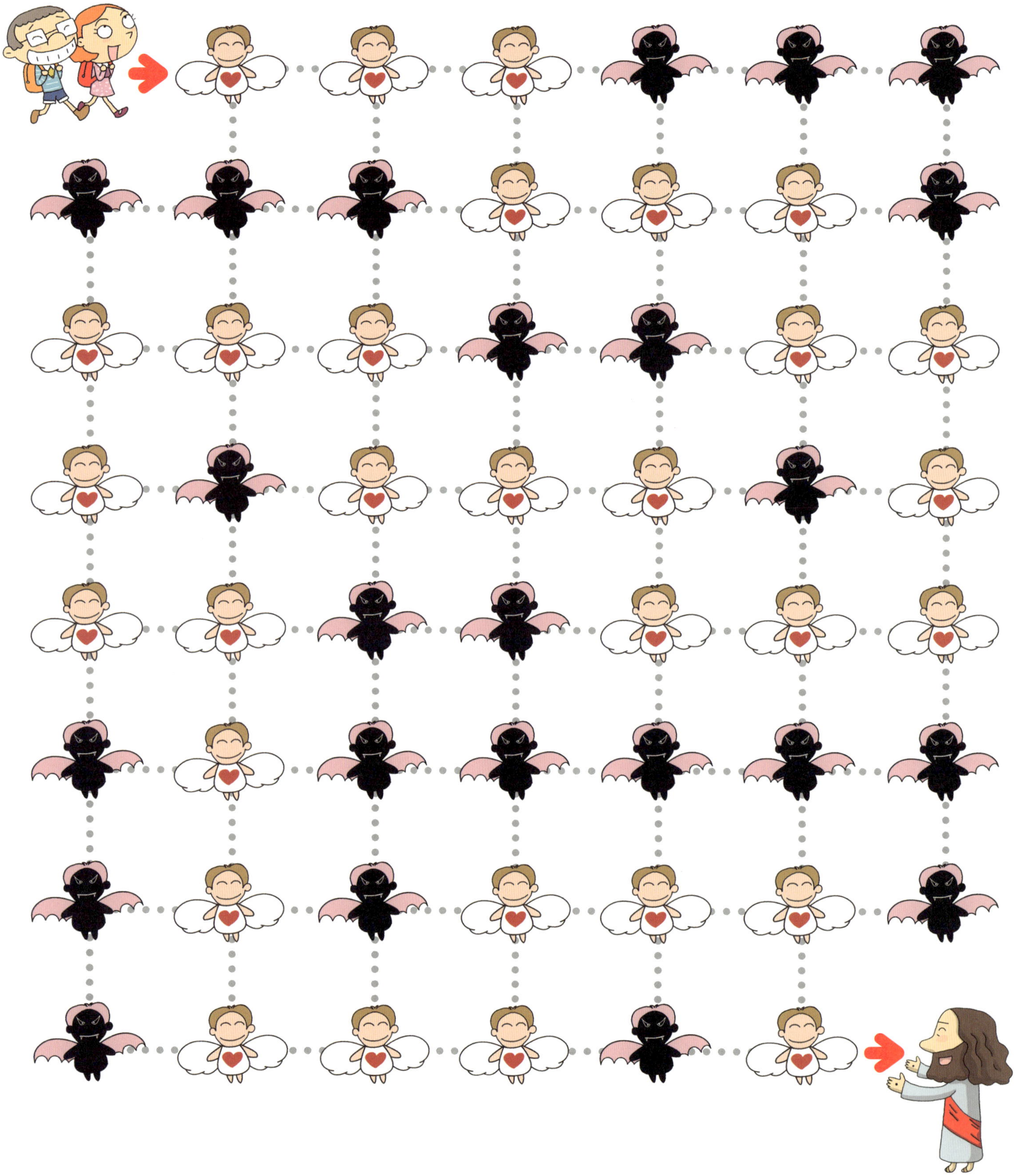

힘들고 슬퍼하는 친구에게 어떻게 해야 할지 점선을 따라 써보세요.

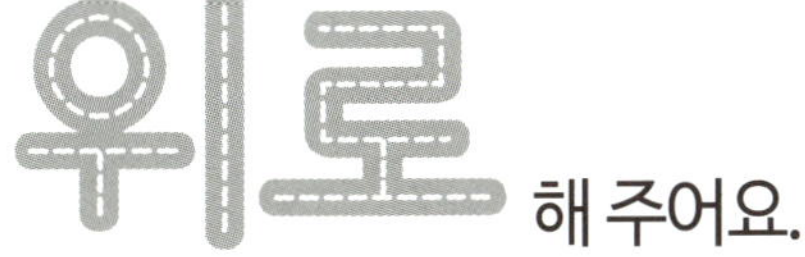

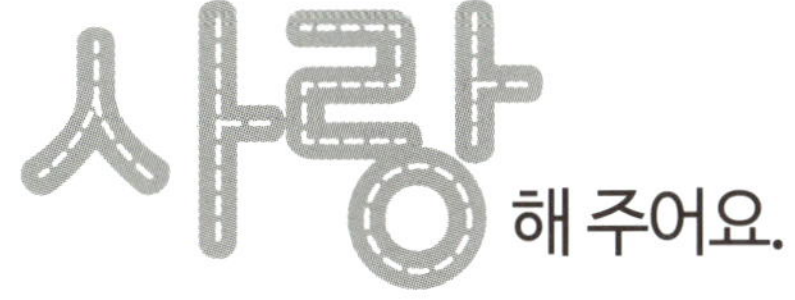

그림 카드를 보고 단어를 따라 써 보세요.

주시는 하나님

함께 기도해요.

하나님, ◯◯(이)도 슬플 때 예수님을 통해 이길 수 있게 도와주세요.
예수님 이름으로 기도합니다. 아멘.

예수님처럼 온유하기 원하시는 하나님

요한복음 13장 4~5절
식탁에서 일어나 겉옷을 벗고 허리에 수건을 두르셨습니다. 그러고 나서 대야에 물을 담아다가 제자들의 발을 씻기시고 허리에 두른 수건으로 닦아 주셨습니다.

선을 따라 그리며 이야기를 읽어 보세요.

유월절 전날 다락방에 모인 제자들의 발을 아무도 씻어주지 않았어요. "발은 나이 어린 사람이 씻어주는 거야!" "귀찮아!"

결국 예수님이 제자들의 발을 씻어주셨고 제자들은 예수님께 죄송했어요. "어휴~ 예수님! 발이 너무 더러운데…" "괜찮다. 염려 마라."

베드로는 예수님이 제자들의 발을 씻기는 것이 옳지 않다고 했어요. "예수님! 안돼요!" "내가 네 발을 씻기지 않으면 넌 나와 상관 없다."

제자들은 예수님이 온유한 마음으로 섬기시는 모습에 큰 감동을 받았어요. "예수님, 정말 감사해요."

온유한 마음으로 제자들의 발을 씻기시는 예수님을 색칠해 보세요.

그림에 알맞는 이야기를 찾아 선으로 이어보세요.

제자들은 예수님의 온유한 마음에 감동 받았어요.

예수님이 제자들의 발을 씻어주시자 어쩔 줄 몰라했어요.

아무도 제자들의 발을 씻어주지 않았어요.

베드로는 예수님이 제자들의 발 씻기는 것은 옳지 않다 했어요.

온유한 마음으로 섬기는 것은 어떤 것인지 점선을 따라 써보세요.

간식을 나눌 때

한 말로 해요.

친구를 도울 때

하지 않아요.

동생을 돌볼 때

내지 않아요.

그림 카드를 보고 단어를 따라 써 보세요.

한 마음을 원하시는 하나님

하나님께 기도해 보세요.

하나님, ◯◯(이)도 예수님처럼 온유한 마음을 갖게 해주세요.
예수님 이름으로 기도합니다. 아멘.

의에 주리고 목마른 자를 만나시는 하나님

마태복음 1장 19절

마리아의 남편 요셉은 의로운 사람이었습니다. 그는 마리아가 사람들 앞에 수치를 당하게 될까봐 남모르게 파혼하려 했습니다.

선을 따라 그리며 이야기를 읽어 보세요.

마리아와 약혼한 요셉은 결혼도 안한 마리아가 아기를 가졌다는 말을 듣고 소문이 나기 전에 마리아와 조용히 헤어지기로 결심했어요.

요셉은 꿈에 천사가 나타나 마리아와 결혼하라는 말을 들었어요. "마리아의 아기는 성령으로 된 것이에요. 그녀와 결혼하세요."

의에 주리고 목마른 요셉은 마리아에게 달려가 천사의 말을 전했고, 두 사람은 결혼했어요.

마침내 마리아에게서 아기 예수가 태어났어요. "천사가 아기 이름을 예수라 하라고 하였소." "저에게도 그렇게 말했어요."

점선을 따라 살짝 접은후 잡아당겨 주세요.

퍼즐 사용방법

1. 퍼즐 하단의 점선을 따라 살짝 접은 후 잡아당겨 떼어냅니다.
2. 퍼즐을 가위로 잘라냅니다.
3. 16조각의 퍼즐을 재미있게 맞춰봅니다.

요셉처럼 하나님의 뜻을 알기 위해 무엇을 해야 할지 점선을 따라 써보세요.

에서 배워요.

로 구해요.

에서 찾아요.

그림 카드를 보고 단어를 따라 써 보세요.

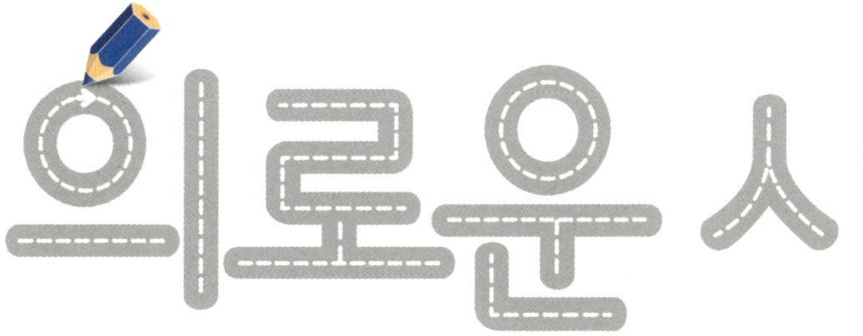

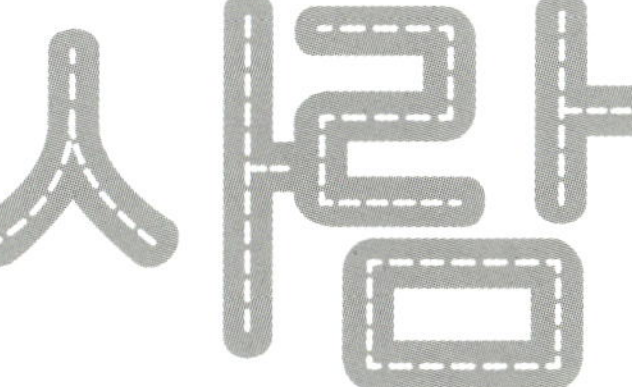

하나님께 기도해 보세요.

하나님, ◯◯(이)도 의롭게 살아가도록 도와주세요.
예수님 이름으로 기도합니다. 아멘.

23 긍휼히 여기는 자를 사랑하시는 하나님

누가복음 10장 27절

율법학자가 대답했습니다. "네 마음을 다하고 네 목숨을 다하고 네 힘을 다하고 네 뜻을 다해 주 네 하나님을 사랑하라"고 했고, 또 "네 이웃을 네 몸같이 사랑하라"고 했습니다.

선을 따라 그리며 이야기를 읽어 보세요.

한 장사꾼이 여리고에서 강도들을 만나 돈을 빼앗기고 크게 다쳤어요. "아이고~ 사람 살려…" "돈을 빼앗았으니 도망가자!"

제사장과 레위인은 강도한테 당한 장사꾼을 보고도 그냥 지나쳐 버렸어요. "도와주세요~" "미안! 난 예배가 급해서!" "그냥 모른척하자!"

하지만 모두에게 놀림 당하던 사마리아인은 그를 보고 치료를 해주었어요. "살려줘요…" "어쩌다 이렇게 되었소?"

예수님은 강도 만난 장사꾼을 잘 도와준 사마리아인이 참된 이웃이라고 하셨어요. "너희도 사마리아인처럼 살아라."

다친 장사꾼과 그를 불쌍히 여겨 도와주는 사마리아 사람을 색칠해 보세요.

두 그림을 보며 서로 다른 **다섯 가지**를 찾아 ◯ 해 보세요.

불쌍한 사람을 만나면 어떻게 해야 하는지 점선을 따라 써보세요.

배고픈 사람에게는

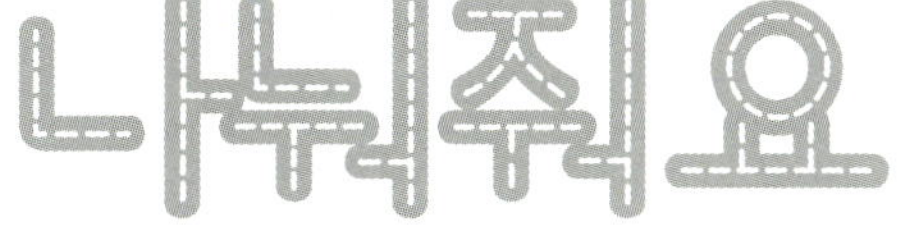

외로운 사람을

믿음 없는 사람에게는

전도해요

그림 카드를 보고 단어를 따라 써 보세요.

하나님께 기도해 보세요.

하나님, ◯◯(이)가 불쌍한 사람을 돕는 착한 사람이 되게 해주세요.
예수님 이름으로 기도합니다. 아멘.

마음이 청결한 자를 사랑하시는 하나님

창세기 6장 9절

노아의 이야기는 이렇습니다. 노아는 의로운 사람으로 당대에 완전한 사람이었으며 하나님과 동행하는 사람이었습니다.

선을 따라 그리며 이야기를 읽어 보세요.

"하나님은 없어!" "술 먹고 놀자!" 인간이 하나님을 떠나 점점 큰 죄를 지어서 하나님은 홍수로 세상을 쓸어버리기로 하셨어요.

하나님은 그 당시 마음이 깨끗한 단 한 사람 노아를 부르셨어요. "큰 배를 만들어 가족과 동물을 한 쌍씩 태우거라." "네, 하나님!"

노아가 배를 만들 때 사람들이 놀리며 비웃었지만 노아는 열심히 전도했어요. "하나님께 돌아오시오." "우하하~ 왜 산에서 배를 만드는거야?"

큰 배가 완성되어 노아의 가족과 동물들이 배안으로 들어가자 큰 홍수로 지구의 모든 생명이 죽었어요. "사람 살려! 배 문 좀 열어줘요!"

마음이 깨끗하여 하나님께 사랑받은 노아를 색칠해 보세요.

그림에 알맞는 이야기를 찾아 선으로 이어보세요.

인간의 죄 때문에 하나님은 홍수로 세상을 없애기로 하셨어요.

노아가족과 동물들이 배에 들어가자 홍수로 모든 생명이 죽었어요.

노아는 산 위에 배를 만들면서 열심히 전도했어요.

하나님은 마음이 깨끗한 노아에게 산 위에 배를 만들라 하셨어요.

깨끗한 마음을 가지려면 어떻게 해야 하는지 점선을 따라 써보세요.

성경을

해요.

하나님께 기도 해요.

친구를 전도 해요.

그림 카드를 보고 단어를 따라 써 보세요.

하나님께 기도해 보세요.

하나님, ◯◯(이)도 깨끗한 마음을 갖게 해주세요.
예수님 이름으로 기도합니다. 아멘.

화평케 하는 자를 축복하시는 하나님

창세기 13장 8절

아브라함이 롯에게 말했습니다. "우리는 한 친척이므로 너와 나 사이에, 네 양치기와 내 양치기 사이에 더 이상 싸움이 없도록 하자."

선을 따라 그리며 이야기를 읽어 보세요.

아브라함과 그의 조카 롯의 소와 양떼가 점점 늘어나자 두 집안의 종들이 자주 싸웠어요. "우리가 먼저 왔으니 여기 풀은 우리 것이야!"

아브라함은 싸움을 피하기 위해 롯에게 먼저 원하는 땅을 선택하라고 했어요. "네가 동쪽을 선택하면 난 서쪽으로 가겠다."

롯이 좋은 땅을 선택했지만 아브라함은 불평하지 않고 다른 땅을 향해 갔어요. "저는 이 좋은 땅을 가질래요." "그래, 그 곳에서 행복하도록 해라."

아브라함은 살기 힘든 땅에 도착했지만 하나님께 예배하며 감사드렸고 하나님께서는 이런 아브라함에게 큰 축복을 내려주셨어요.

롯에게 양보하며 화평하게 하는 아브라함을 색칠해 보세요.

화평하게 하는 마음을 가진 아브라함을 찾아 떠나보세요.

친구들과 화평하게 지내기 위해 어떻게 해야 할지 점선을 따라 써보세요.

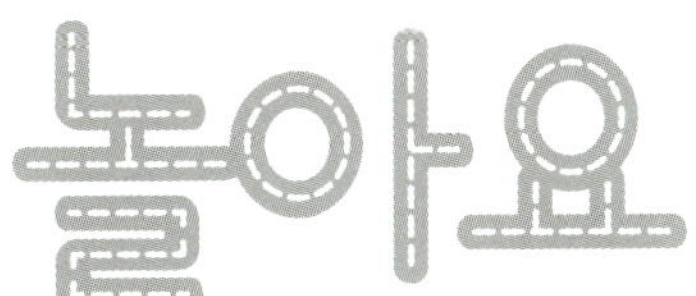

사이좋게

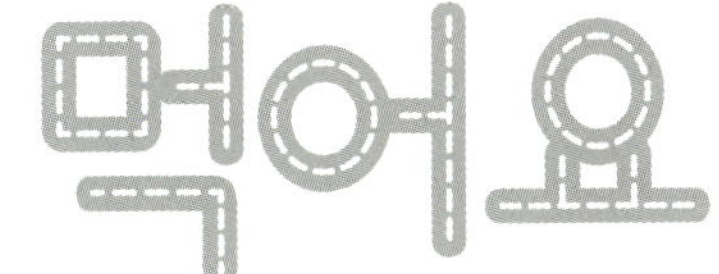

사이좋게

그림 카드를 보고 단어를 따라 써 보세요.

하나님께 기도해 보세요.

하나님, ◯◯(이)가 화평하게 하는 삶을 살게 해주세요.
예수님 이름으로 기도합니다. 아멘.

의로운 자를 지키시는 하나님

욥기 42장 10절
욥이 그 친구들을 위해 기도를 마치자 여호와께서는 욥의 상황을 돌이키셨고 전에 있었던 것보다 두 배로 더해 주셨습니다.

선을 따라 그리며 이야기를 읽어 보세요.

하나님이 욥의 믿음을 칭찬하시자 사탄이 하나님께 화를 내며 투덜거렸어요. "으~ 욥이 가진걸 다 뺏으면 분명히 하나님을 욕할 겁니다."

하나님 허락 안에 사탄이 욥의 재산을 모두 태워 버렸지만 욥은 믿음을 지켰어요. "하나님 원망하지 않을게요. 흑흑흑..."

사탄이 욥을 피부병으로 고통스럽게 하였고, 아내도 떠나갔지만 욥은 끝까지 믿음을 지켰어요. "하나님! 그래도 하나님을 사랑합니다."

하나님은 끝까지 믿음을 지킨 욥을 이전보다 더욱 축복해 주셨어요. "욥아! 네가 끝까지 믿음을 지켰구나! 아주 큰 복을 주겠다!"

어려움 속에서도 하나님을 찬양한 욥을 색칠해 보세요.

어려울 때 어떻게 믿음을 지켜야 할지 점선을 따라 써보세요.

하나님께

기도해요

예수님을

성경말씀을

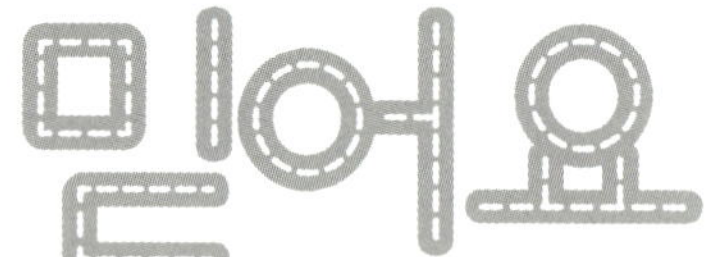

그림 카드를 보고 단어를 따라 써 보세요.

하나님께 기도해 보세요.

하나님, ◯◯(이)가 의를 위해서 믿음을 지키도록 도와주세요.
예수님 이름으로 기도합니다. 아멘.

점선을 따라 살짝 접은후 잡아당겨 주세요.

퍼즐 사용방법

1. 퍼즐 하단의 점선을 따라 살짝 접은 후 잡아당겨 떼어냅니다.
2. 퍼즐을 가위로 잘라냅니다.
3. 16조각의 퍼즐을 재미있게 맞춰봅니다.